Entdecke die Nagetiere

Hamster, Meerschweinchen und Co.

Titelbild: Asiatisches Streifenhörnchen, Farbmaus, Rexmeerschweinchen und Kurzhaarmeerschweinchen
Rückseite: Hamster
Seite 1: Feldhamster beim Fressen
Seite 2: Zwergmaus klettert zwischen Grashalmen

2. Auflage 2017

ISBN: 978-3-86659-253-7

An der Kleimannbrücke 39/41
48157 Münster
Tel.: 0251-13339-0
Fax: 0251-13339-33
E-Mail: verlag@ms-verlag.de
Home: www.ms-verlag.de
Geschäftsführung: Matthias Schmidt
Layout: Ann-Christine Schönenberg
Lektorat: Kriton Kunz
Druck: Alföldi, Debrecen

Titelbild: oben links: O.Giel/Juniors
Titelbild: oben rechts: O.Giel/Juniors
Titelbild: unten: M. Wegler/Juniors
Rückseite: Igor Kovalchuk/Thinkstock Images International

Thinkstock Images International
Seite 4: oben: GlobalP
Seite 4: unten links: Eric Isselée
Seite 4: unten rechts: seleznyov_ae
Seite 5: oben: Fuse
Seite 6: unten: UroshPetrovic
Seite 7: unten links: Creative Imagery
Seite 7: unten rechts: ultrapro
Seite 8: VikaValter
Seite 9: oben links: Fuse
Seite 9: oben rechts: MikeLane45
Seite 9: unten links: Eric Isselée
Seite 9: unten rechts: Eric Isselée
Seite 12: oben: MikeLane45
Seite 12: unten: Yuriy Chaban
Seite 13: Peter Zaharov
Seite 15: unten: Brand X Pictures
Seite 16+17: Smitt
Seite 18+19: elenavolkova
Seite 22: unten: Glenda Powers
Seite 24: wolfhound911
Seite 25: VeryOlive
Seite 26: oben: Zoonar RF
Seite 26: Mitte: nanka-stalker
Seite 26: unten: motorolka
Seite 27: oben: AlexeyVis
Seite 28: unten: Eric Isselée
Seite 29: oben: Argument
Seite 29: unten: Eric Isselée
Seite 30: oben: Zoonar RF
Seite 30: unten: Ilya Stcherbakov
Seite 31: oben: MikeLane45
Seite 31: unten links: fotojagodka
Seite 31: unten rechts: jkitan
Seite 33: oben links: andreaskrappweis
Seite 33: unten: romu
Seite 33: unten links: Matt Staples
Seite 33: unten rechts: GlobalP
Seite 35: unten: VitalyEdush
Seite 36: legna69
Seite 38: Magdalena Kucova
Seite 39: unten: mu_mu_
Seite 45: oben: Ellende
Seite 45: unten: GlobalP
Seite 47: oben: Zyphyrus
Seite 48: mbot
Seite 49: oben: sextoacto
Seite 50+51: MikeLane45
Seite 52+53: Blätter: defun
Seite 52: oben rechts: Rudmer Zwerver
Seite 52: unten: Eric Isselée
Seite 53: oben: MikeLane45
Seite 53: unten: Eric Isselée
Seite 54+55: unten: romu
Seite 54: links: yamahavalerossi
Seite 55: rechts: cynoclub
Seite 56: oben: defun

WILDLIFE Bildagentur GmbH
Seite 2+3: J.-L. Klein & M.-L. Hubert
Seite 5: unten: M. Wegler
Seite 6: oben: M. Wegler
Seite 10+11: Juniors Bildarchiv
Seite 11: oben rechts: Juniors Bildarchiv
Seite 14+15: Juniors Bildarchiv
Seite 18: Steimer, C./Juniors
Seite 20+21: Schanz, U./Juniors
Seite 22: oben: Juniors Bildarchiv
Seite 23: oben: S.Stuewer
Seite 23: unten: M. Wegler
Seite 27: unten: O.Giel
Seite 28: oben: C.Steimer
Seite 32: Maier, R.
Seite 33: oben rechts: C.Steimer
Seite 34: oben: Steimer, C.
Seite 34: unten: Juniors Bildarchiv
Seite 35: oben: Juniors Bildarchiv
Seite 35: Mitte: I.Elsner
Seite 37: O.Giel
Seite 39: oben: O.Giel/Juniors
Seite 40+41: S.E.Arndt
Seite 42: oben: Juniors Bildarchiv
Seite 42: unten: A.Mertiny
Seite 43: oben: S.Muller
Seite 43: unten: B.Rohrschneider
Seite 44: M. Wegler
Seite 46: O.Giel/Juniors
Seite 49: unten: M. Wegler
Seite 50: S.Muller
Seite 52: oben links: Photoshot/Juniors
Seite 56: unten: O.Giel/Juniors

Sonstige:
Seite 1: Stefan Huwiler/Okapia
Seite 47: unten: Antonia Zabel

Inhaltsverzeichnis

Flink, schlau und so süß! 4

Starke Beißerchen 6

Die ganze Welt erobert! 8

Sehen, Hören, Riechen: die Sinne der Nagetiere 10

Nagetiere und Menschen: von verfolgten Schädlingen und geliebten Heimtieren 12

Die wichtigsten Eigenschaften der häufigsten Heimtiere 16

Meerschweinchen 20

Hamster 24

Ratten 28

Farbmäuse 31

Rennmäuse 32

Chinchillas 34

Streifenhörnchen 36

Degus 38

Besser nicht im Haus! 40

Was bedeutet artgerechte Haltung? 44

Spiele und Experimente für schlaue Kerlchen 46

Die wilden Verwandten 50

Extra: Großes Nagetierquiz 54

Zu den Nagetieren zählen so unterschiedliche Arten wie das Eichhörnchen, ...

Flink, schlau und so süß!

Bestimmt hast Du auch schon einmal darüber nachgedacht, wie schön es wäre, wenn ein putziger Hamster oder ein paar quirlige Rennmäuse bei Dir zu Hause einziehen würden. Oder vielleicht hast Du sogar schon ein Heimtier? Neben Hunden und Katzen sind zum Beispiel Hamster, Meerschweinchen und Ratten sehr beliebte Hausgenossen. Sie alle gehören zu der großen Säugetiergruppe der Nagetiere. So verschieden sie auch sind, ihr weiches Fell, ihre süßen Gesichter und ihr aufgewecktes Naturell sorgen immer für Begeisterung und Freude!

Nagetiere oder Rodentia, wie die Wissenschaftler sie nennen, sind die größte Gruppe unter den Säugetieren. Es gibt fast 2.300 verschiedene Arten, und sie sind auf der ganzen Welt zu finden, mit Ausnahme der Antarktis. Nicht nur die oben genannten Arten, sondern noch viel mehr von ihnen haben als Heimtiere Einzug in unsere Häuser gehalten, denn Nagetiere gewöhnen sich leicht an den Menschen und an ein Leben in Menschenobhut. Natürlich ist es dabei wichtig, ihnen ein Zuhause zu bieten, das ihre Bedürfnisse so gut wie möglich erfüllt. Deshalb sollte man viel über ihre natürliche Lebensweise wissen, denn nur so kann man ihnen die besten Bedingungen bieten.

... die Gold-Stachelmaus ...

... und der Zwerghamster

Viele Nagetiere wie dieses Meerschweinchen sind beliebte Heimtiere

In diesem Buch stelle ich Dir einige Nagetiere vor, besonders solche, die oft als Heimtiere gehalten werden, aber auch einige ihrer wilden Verwandten. Ich möchte Dir vor allem über ihre natürlichen Gewohnheiten berichten und darüber, wie wir als Tierhalter unseren kleinen Freunden ein schönes Leben bieten können. Komm nun mit auf einen spannenden Streifzug durch die Welt der Nagetiere!

Auch Goldhamster haben eine lange Tradition als Hausgenosse des Menschen

Mit ihren starken Nagezähnen „schneiden“ Nagetiere ihre Nahrung ab und zerkleinern sie, bevor sie von den Backenzähnen zerkaut wird

Starke Beißerchen

Das Merkmal, an dem Du alle Nagetiere gut erkennen kannst, sind ihre Zähne. Sie besitzen im Ober- und im Unterkiefer je zwei lange Schneidezähne, die das ganze Leben lang ständig nachwachsen. Durch das Nagen an harten Nussschalen, Samen oder auch Holz nutzen die Zähne sich immer wieder ab und bleiben dadurch stark und scharf. Hinter den Schneidezähnen folgt eine Lücke, sodass es fast so aussieht, als hätten Nagetiere keine Backenzähne. Aber wer einen tiefen Blick in ihr Mäulchen wirft, erkennt hinten Zähne, die ideal zum Zerkauen und Zermahlen von Nahrung sind.

Die Lücke zwischen Schneide- und Backenzähnen nennt man Diastema. Zusammen mit der gespaltenen Oberlippe, der sogenannten Hasenscharte, ermöglicht sie den Tieren ein besonders kräftiges und unbehindertes Nagen. Außerdem kann das Maul bei man-

Sind Kaninchen Nagetiere?

Auch Kaninchen haben lebenslang nachwachsende Nagezähne sowie eine Hasenscharte. Tatsächlich sind sie mit den Nagetieren verwandt, gehören aber nicht dazu, sondern in die Gruppe der Hasenartigen. Dazu zählen außerdem natürlich die Hasen selbst und die sogenannten Pfeifhasen, die als Warnrufe hohe, pfeifende Geräusche ausstoßen. Wissenschaftler unterscheiden die Hasenartigen und die Nagetiere vor allem an ihrem Gebiss: Die Hasenartigen besitzen im Oberkiefer und im Unterkiefer je vier Schneidezähne, von denen zwei aber so klein sind, dass man sie kaum erkennen kann.

chen Arten hinter den Schneidezähnen fest verschlossen werden, sodass sie außerhalb der Mundhöhle liegen. Die Tiere können dann splitterndes Holz zernagen, ohne dass Späne in ihr Maul gelangen! Besonders für den fleißig Holzburgen bauenden Biber oder den mit den Nagezähnen in der Erde grabenden Nacktmull ist das wichtig.

Übrigens: Nagezähne findest Du auch bei einigen anderen Tiergruppen, beispielsweise den Fingertieren, kleinen Lemuren von Madagaskar. Allerdings gibt es dann immer kleine Unterschiede im Aufbau, sodass man sie klar von den Nagetieren unterscheiden kann.

Die meisten Nagetiere sind Pflanzenfresser. Ihre starken Schneidezähne eignen sich hervorragend zum Knacken harter Samenschalen, und mit den Backenzähnen lassen sich zähe Gräser gründlich zerkleinern. Viele unserer Heimtiere sind sehr vielseitig in ihren Nahrungsvorlieben, was es dem Halter nicht allzu schwer macht, für geeignetes Futter zu sorgen.

Warum fressen Nagetiere ihren Kot?

Für uns hört sich das ekelig an, aber für viele Nagetiere ist es überlebenswichtig: Das Fressen des eigenen Kots. Pflanzen bestehen zum großen Teil aus der sogenannten Zellulose, die sehr schwierig zu verdauen ist. Deshalb bekommen die Nagetiere Hilfe von Bakterien, die in ihrem Blinddarm leben. Diese Bakterien zerkleinern die Zellulose, doch die dabei entstehenden wichtigen Nährstoffe müssen nun in den Magen gelangen, um dort aufgenommen zu werden. Da der Magen vor dem Darm liegt und die Nahrung immer nur in einer Richtung durch den Körper wandern kann, ist die einzige Möglichkeit für die Tiere, ihren Kot direkt nach dem Ausscheiden wieder zu fressen. Er ist dann durch die Bakterien vorbereitet, und die wichtigen Nährstoffe können nun im Verdauungstrakt verwertet werden. Natürlich wird nicht der gesamte Kot gefressen, sondern nur Teile davon. Die Tiere wissen genau, wo sich noch Nährstoffe befinden und was sich nicht zu fressen lohnt.

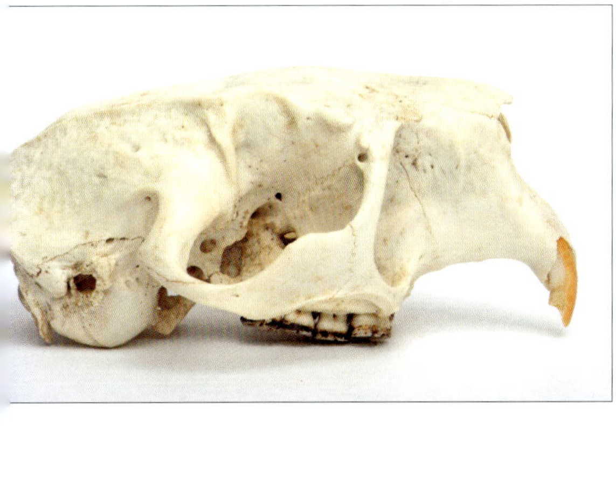

Bei Nagetieren sind die Backenzähne von den gelblichen Nagezähnen ganz vorn im Maul durch eine Lücke getrennt

Nagetiere lieben oft verschiedene Samen, wie dieser Zwerghamster

Die ganze Welt erobert!

Nagetiere gibt es in fast allen Teilen der Erde. In Europa begegnen Dir zum Beispiel Eichhörnchen, Biber, Feldhamster und natürlich Mäuse und Ratten. Aus Südamerika stammen viele unserer Heimtiere: Meerschweinchen, Chinchillas und Degus. Aber auch die anderen Kontinente beherbergen viele verschiedene Arten. Einzig in der Antarktis und auf Neuseeland sowie einigen weit im Meer liegenden Inseln gibt es sie nicht. Aber sogar in Australien finden wir einige Mäusearten, beispielsweise die am Wasser jagenden Schwimmratten. Das ist etwas Besonderes, denn vielleicht weißt Du, dass Australien sonst für seine vielen Beuteltiere bekannt ist. Nur wenige Säugetiere aus anderen Gruppen haben es geschafft, diesen Kontinent zu besiedeln.

Der Uropa der Nagetiere

Nagetiere gibt es seit ungefähr 70 Millionen Jahren. Das ist etwa die Zeit, in der die Dinosaurier ausstarben. Die Ära der schuppigen Riesen war vorbei, und kleine Säugetiere wurden sehr erfolgreich darin, die Welt zu erobern. Eines der ältesten und am besten erhaltenen Nagetierfossilien (das sind versteinerte Knochen), die wir kennen, stammt aus der Grube Messel in der Nähe von Darmstadt und ist etwa 47 Millionen Jahre alt. Dass es sich tatsächlich um ein Nagetier handelt, erkennt man – wie könnte es anders sein – an den unverwechselbaren Schneidezähnen.

Pampashasen oder Maras stammen aus Grasebenen Südamerikas

Das Murmeltier lebt unter anderem im Alpenraum

In Nordafrika lebt die Ägyptische Stachelmaus

Dass die Nagetiere so weit verbreitet und so artenreich sind, liegt daran, dass sie sich schnell und gut an verschiedene Lebensräume anpassen können. Ob der Lemming, der in der arktischen Tundra die Winter unter der Schneedecke verbringt, oder die Kleine Wüstenspringmaus, die ohne zu trinken in der heißen Wüste überleben kann: Nagetiere kommen unter unterschiedlichsten Bedingungen zurecht. Da die meisten Nager sich hauptsächlich von Pflanzen ernähren und dabei nicht besonders wählerisch sind, gibt es oft sehr viele von ihnen, denn zu fressen gibt es meist genug. Aber zu eng darf es nicht werden, dann werden die Tiere nervös und aggressiv, und ein Teil muss in andere Gebiete abwandern.

Ein besonders putziger Nager ist der Cuandu oder Eigentliche Greifstachler, der in Wäldern im Norden Südamerikas vorkommt

Neue Mitbürger

In manchen Fällen haben die Menschen, meist unfreiwillig, dafür gesorgt, dass sich Nagetiere von ihrer Heimat aus auf der ganzen Welt verbreiten konnten. Bei Ratten beispielsweise passiert das, wenn sich die Tiere auf Schiffen befanden und so als blinde Passagiere mit auf Reisen gingen. Manchmal brechen aber auch Heimtiere aus und fühlen sich in dem neuen Land so wohl, dass sie sich dort vermehren. Das geschah mit dem Sibirischen Streifenhörnchen, das heute sogar in manchen Teilen Deutschlands wild vorkommt. Solche Neuankömmlinge nennt man Neozoen – das Wort stammt aus dem Altgriechischen und bedeutet „neue Tiere“.

Sehen, Hören, Riechen: die Sinne der Nagetiere

So unterschiedlich Lebensweise und Lebensräume der Nagetiere sind, so verschieden sind natürlich auch ihre körperlichen Anpassungen daran und damit ihre Sinne. Trotzdem gibt es ein paar Gemeinsamkeiten.

Nagetiere haben einen hervorragenden Geruchssinn. Ihre Nase erzählt ihnen nicht nur alles über ihre Umgebung und ihre Nahrung, sondern auch über andere Tiere. Mäuse beispielsweise können am Geruch des Urins ihrer Artgenossen erkennen, ob das Tier zur Familie gehört oder ein Eindringling ist, ob es ängstlich oder angriffslustig ist, paarungsbereit oder bereits trächtig.

Auch die Ohren der Nager funktionieren prima. Ein Nagetierkäfig gehört daher unbedingt an einen ruhigen Platz im Haus, da das Gehör dieser Tiere viel empfindlicher ist als unseres. Jeder Ton klingt für sie viel lauter als für uns. Außerdem können manche Arten auch Töne wahrnehmen, die für unser Gehör viel zu hoch oder zu tief sind. Hamster beispielsweise unterhalten sich mit Ultraschalltönen, Rennmäuse hören die tiefen, kaum wahrnehmbaren Fluggeräusche einer Eule und können sich so vor dem Feind in Sicherheit bringen.

Dieses Meerschweinchen reckt die Schnauze nach oben, um einen Geruch zu prüfen, den es wahrgenommen hat

Wie viele andere Tiere besitzen auch Nager Tasthaare im Schnauzenbereich, die sogenannten Vibrissen. Diese sind viel feinfühliger als unsere Finger und verraten den Tieren im Falllaub oder in engen Tunneln, wo genau ihre Nahrung zu finden ist, und sie helfen ihnen, sich auch im Dunkeln zurechtzufinden.

Die meisten Nagetiere sehen allerdings nicht so gut wie wir Menschen. Allerdings wissen wir vieles noch nicht genau, zum Beispiel, ob und wie gut die meisten von ihnen Farben unterscheiden können. Einige Nager, das haben Forscher schon herausgefunden, sehen ihre Umgebung nur in Schwarzweiß. Klar ist, dass die Nager mit ihren seitlich am Kopf liegenden Augen einen besseren Rundumblick haben als wir, also auch Bewegungen seitlich und hinter sich gut wahrnehmen können. Das hilft ihnen, den Überblick zu behalten und Feinde schnell zu erkennen, die sich von hinten anschleichen. Dafür können sie nicht gut räumlich sehen. Das bedeutet, dass sie Probleme damit haben, Entfernungen abzuschätzen.

Männchen zu machen, bietet dem Feldhamster eine bessere Rundumsicht

Orientierung im Dunkeln

Blindmäuse verbringen ihr ganzes Leben unter der Erde. Da ihnen Augen dort nicht viel helfen würden, haben sie eine spezielle Technik entwickelt, um sich zurechtzufinden: Sie klopfen beim Graben immer wieder mit dem Kopf gegen die Wand des Ganges und erzeugen so ein ganz leichtes Beben des Erdreiches. Dadurch entsteht ein Echo in Form von sogenannten seismischen Wellen, die die Tiere spüren. Die Stärke und das Muster der Wellen erzählen der Blindmaus, wie tief sie unter der Erde ist und wo sie auf Hindernisse stoßen wird, beispielsweise einen Stein oder eine Baumwurzel.

Mäuse und Ratten werden als Schädlinge und Krankheitsüberträger weltweit gefürchtet …

Nagetiere und Menschen: von verfolgten Schädlingen und geliebten Heimtieren

Trotz ihres niedlichen Äußeren: Nagetiere sind lange nicht bei allen Menschen beliebt. Landwirte zum Beispiel sehen Ratten und Mäuse als Schädlinge an, die Saatgut und Ernte in Windeseile vernichten können. Nicht nur, indem sie die Vorräte fressen, sondern auch, indem sie diese durch Kot und Urin verschmutzen. Besonders in vielen armen Ländern ist das ein großes Problem. Die knappe Nahrung wird den Menschen durch Nagetiere streitig gemacht, die aufgrund ihrer geringen Größe und ihrer großen Geschicklichkeit in Getreidespeicher eindringen können. Besonders gefährlich sind auch Wühlmäuse, die mit unterirdischen Gangsystemen und ungebremstem Appetit ganze Felder zerstören können. Kein Wunder also, dass für manche Menschen Nagetiere Schreckgespenster sind, gegen die man sich verteidigen muss.

… und gnadenlos verfolgt

Ein weiterer Grund für die Unbeliebtheit von Nagetieren in einigen Ländern ist, dass die Tiere gefährliche Krankheiten übertragen können. Das bekannteste Beispiel ist sicher die Pest, die mit den auf Ratten lebenden Flöhen in die Städte kam und Millionen Menschen getötet hat. Aber auch andere Krankheiten sind von Bedeutung, zum Beispiel das Fleckfieber, das besonders in tropischen Regionen verbreitet ist.

Die Wiener Pestsäule ließ Kaiser Leopold I. aus Dankbarkeit errichten, dass eine der letzten großen Pestepidemien im Jahr 1679 endlich vorüber war

Aber wir Menschen lieben die Nagetiere auch. Wir sind fasziniert von ihrer Flinkheit und Schlauheit, finden sie niedlich und halten sie als Hausgenossen. Manche von ihnen, wie die Farbratten, haben schon eine lange Geschichte gemeinsam mit dem Menschen hinter sich. Sie sind deshalb weniger ängstlich und leichter zu zähmen als Tiere, die noch nicht lange als Heimtiere gehalten werden. Das bedeutet, dass es Nager gibt, die gern Kontakt zu Menschen haben und die man auf den Arm nehmen, streicheln und mit denen man kuscheln kann. Andere mögen das gar nicht und sind mehr auf Abstand bedacht. Solche Tiere sind in der Haltung zu Hause Beobachtungstiere, die zwar auch zahm werden können, aber nicht auf den Arm genommen werden möchten.

Wir Menschen schätzen Nager als Heimtiere, weil ihre Haltung und Pflege meist unkompliziert sind. Sie passen sich schnell an die neue Umgebung an, lassen sich mit etwas Geduld leicht zähmen, fressen kein teures Futter und benötigen nicht so viel Zeit wie etwa ein Hund, mit dem man täglich mehrere Male spazieren gehen muss. Aber auch über die Bedürfnisse scheinbar genügsamer Heimtiere sollte man gut Bescheid wissen. Besonders wichtig ist, ihnen genug Abwechslung und täglich Auslauf zu ermöglichen, damit sie gesund und fit bleiben.

Wer ist hier nachtaktiv?

Für den Halter eines Heimtieres ist es sehr wichtig zu wissen, ob sein Tier tag- oder nachtaktiv ist. Es ist zum Beispiel nicht gut, einen Hamsterkäfig ins Kinderzimmer zu stellen, denn der Nager möchte tagsüber seine Ruhe haben und wird in der Nacht, wenn Du schlafen willst, richtig aktiv und laut. Das bedeutet auch, dass man tagsüber nicht mit ihm spielen kann, sondern erst in den Abendstunden. Gerade für jüngere Kinder sind nachtaktive Heimtiere deshalb eher langweilig und nicht geeignet. Interessant ist, dass manche Tiere einen sogenannten ultradianen Schlaf-Wach-Rhythmus haben. Das bedeutet, dass sie sowohl tagsüber als auch nachts immer wieder ein paar Stunden wach sind und ein paar Stunden ruhen. In den Ruhephasen sollte man kein Tier stören – stell Dir vor, Dich weckt jemand mitten in der Nacht aus dem tiefsten Schlaf und will mit dir spielen!

Das Streifenhörnchen ist einfach niedlich – kein Wunder, dass es auch als Heimtier begehrt ist

Ein Nager aus dem Tierheim?

Leider werden auch Nagetiere immer wieder im Tierheim abgegeben, weil ihre Besitzer sich nicht mehr um sie kümmern wollen oder können. Für diese Tiere wird ein neues Zuhause gesucht, wo sie gut gepflegt und versorgt werden. Wenn Du ein Heimtier haben möchtest, Dich gut informiert hast und wenn Deine Eltern einverstanden sind, ist es also eine gute Idee, im nächsten Tierheim nachzufragen. Die Plätze dort sind immer knapp, und die Mitarbeiter freuen sich über jeden Bewohner, der einen neuen Besitzer findet. Außerdem können Dir die Betreuer der Tiere viel über deren Eigenarten und Vorlieben erzählen und Dir dazu viele Tipps zu Haltung und Pflege geben.

Die wichtigsten Eigenschaften der häufigsten Heimtiere

Bei allen Gemeinsamkeiten, die Nagetiere haben, gibt es doch riesige Unterschiede in ihrer Lebensweise und ihren Bedürfnissen. Viele Tiere dürfen auf keinen Fall allein gehalten werden, andere sind überzeugte Einzelgänger und aggressiv gegenüber Artgenossen. Mit manchem Heimtier lässt sich wunderbar kuscheln und spielen, andere wollen am liebsten nicht angefasst, sondern nur beobachtet werden. Auch ob ein Heimtier tag- oder nachtaktiv ist oder sogar Winterschlaf hält, ist wichtig zu wissen.
Die Tabelle auf der nächsten Doppelseite soll Dir einen ersten Überblick über die wichtigsten Bedürfnisse der häufigsten Heimnagetiere geben und Dir damit helfen herauszufinden, welche Art am besten zu dir passt.

	Haltungsform	Aktivität	Winterschlaf
Meerschweinchen	mindestens zwei Tiere	tagaktiv	nein
Hamster	einzeln	nachtaktiv	als Heimtier nicht, wildlebende Hamster aber ja
Ratten	mindestens zwei Tiere	vorwiegend dämmerungs- und nachtaktiv	nein
Farbmäuse	mindestens zwei Tiere	vorwiegend dämmerungs- und nachtaktiv	nein
Rennmäuse	mindestens zwei Tiere	tag- und nachtaktiv	nein
Chinchillas	mindestens zwei Tiere, besser sogar mehr	nachtaktiv	nein
Streifenhörnchen	einzeln	tagaktiv	ja, von Oktober bis März
Degus	mindestens zwei Tiere, besser sogar mehr	dämmerungsaktiv	nein

Kuschelfaktor	Außenhaltung	Lebenserwartung	Ernährung
werden bei liebevoller Behandlung leicht zutraulich, lassen sich streicheln und auf den Arm nehmen	möglich	6 bis 8 Jahre	brauchen und vertragen nur pflanzliche Kost
lassen sich nicht gerne auf den Arm nehmen und streicheln	nicht üblich	1,5 bis 3 Jahre	pflanzlich; Zufüttern von Insekten und Magermilchprodukten
kuscheln sehr gerne und können sehr zutraulich werden	nicht üblich	2 bis 3 Jahre	pflanzlich; Zufüttern von tierischem Eiweiß (z. B. Hartkäse, Magerquark)
werden bei liebevoller Behandlung zutraulich, lassen sich aber nicht festhalten, Du kannst nicht mit ihnen kuscheln	nein	1,5 bis 2,5 Jahre	pflanzlich; Zufüttern von Fleisch- oder Magermilchprodukten
werden bei liebevoller Behandlung zutraulich, lassen sich aber nicht festhalten, Du kannst nicht mit ihnen kuscheln	nicht üblich	etwa 3 Jahre	pflanzlich; Zufüttern von Fleisch- oder Magermilchprodukten
werden bei liebevoller Behandlung zutraulich, lassen sich aber nicht gern festhalten, Du kannst nicht mit ihnen kuscheln	nein, wegen großer Hitze- und Feuchtigkeitsempfindlichkeit	10 bis 15 Jahre	nur pflanzliche Kost, strenge Regeln sind zu beachten
werden bei liebevoller Behandlung zutraulich, lassen sich aber nicht gern festhalten, Du kannst nicht mit ihnen kuscheln	möglich	6 bis 10 Jahre	pflanzlich; Zufüttern von tierischer Kost (z. B. Mehlwürmer, Heimchen)
werden bei liebevoller Behandlung zutraulich, lassen sich aber meist nicht gern anfassen	nicht üblich	4 bis 6 Jahre	nur pflanzliche Kost, strenge Regeln sind zu beachten

Meerschweinchen

Die wilden Vorfahren unserer Hausmeerschweinchen stammen aus Südamerika, wo sie im Gras- und Buschland leben und sogar in Sümpfen und 4 000 Meter hohen Bergregionen vorkommen. Meerschweinchen wurden schon sehr früh domestiziert, also vom Menschen gehalten, allerdings nicht als Kuscheltiere, sondern als Fleischlieferanten. Nach der Eroberung Amerikas kamen die ersten Meerschweinchen nach Europa und sind heute beliebte Heimtiere.

Wilde Meerschweinchen leben in Gruppen von etwa zehn Tieren, deshalb darf man sie unter keinen Umständen alleine halten. Ihnen fehlt dann die Sicherheit ihrer Artgenossen, sie werden traurig und krank.

Es gibt verschiedene Meerschweinchen-Rassen, die sich besonders im Haarkleid unterscheiden. In Tierhandlungen gibt es glatte und wirbelige (sogenannte Rosetten-Meerschweinchen) Tiere zu kaufen. Einige haben einen Schopf, einen einzigen Wirbel mitten auf dem Kopf, der ihnen ein freches Aussehen gibt. Außerdem werden auch Angora-Meerschweinchen gezüchtet, die sehr langes Fell tragen, das besonderer Pflege bedarf.

Meerschweinchen sind tagaktiv, legen aber immer wieder kleine Ruhepausen ein, in denen sie sich hinlegen und dösen. Sie ernähren sich ausschließlich von pflanzlicher Kost und sind unkompliziert in ihren Anspru-

Meerschweinchen lieben Gesellschaft und müssen daher als Gruppe gehalten werden

chen. Man füttert die Tiere jeden Tag mit einigen Körnern und viel Heu. Dazu kommt dann über den Tag verteilt Frischfutter, das Du besonders im Sommer gut draußen sammeln kannst: Löwenzahn, Schafgarbe und Wegerich sind sehr beliebt, aber auch Möhren, Apfelstückchen, Gurke (sogar nur die Schale!), Chicoree und Salat werden mit Begeisterung angenommen. Natürlich hat jedes Meerschweinchen seine eigenen Vorlieben, und es macht Spaß herauszufinden, was den Kleinen besonders gut schmeckt!

Nicht nur zum Liebhaben

In einigen Ländern Südamerikas sind Meerschweinchen wichtige Fleischlieferanten. Die sogenannten Cuys oder Fleischmeerschweinchen sind viel größer als unsere Heimtiere und können bis zu vier Kilogramm schwer werden. Da sie sich schnell vermehren und einfach zu ernähren sind, halten in Peru oder Ecuador viele Familien ihre eigenen Fleischmeerschweinchen, etwa so, wie man früher bei uns auf dem Land Hühner hielt und selbst schlachtete.

Meerschweinchen werden in verschiedenen Rassen gezüchtet, hier ein Rosetten-Meerschweinchen

In Tierhandlungen gibt es verschiedene Meerschweinchenkäfige zu kaufen, von denen nicht alle groß genug sind. Manche Menschen denken, Meerschweinchen seien langweilige, faule Tiere, aber das stimmt nicht. In einem kleinen Käfig ohne Abwechslung haben die Tiere einfach keine andere Möglichkeit, als traurig in der Ecke zu liegen. Wer ihnen aber ein liebevoll gestaltetes Zuhause und jeden Tag genug Freilauf bietet, wird sich lange an der Neugier und Bewegungsfreude seiner Heimtiere erfreuen können.

Kuscheln Meerschweinchen gerne?

Meerschweinchen gelten bei vielen als ausgesprochene Kuscheltiere, die auf dem Arm ihrer Besitzer ganz ruhig werden und dort gar die Augen schließen und einschlafen. Allerdings gibt es Gegenstimmen, die dieses „Entspannen" als Angstreaktion ansehen. Das kleine Tier lasse die Streicheleinheiten nur über sich ergehen, da es ohnehin vor seinem Besitzer nicht fliehen könne. Ideal ist daher, wenn die Tiere beim Freilauf selbst entscheiden können, wann, wie nah und wie lange sie gekuschelt werden möchten. Wer sein Tier streichelt und dabei nicht festhält, sondern ihm die Möglichkeit gibt, vom Schoß zu springen, wenn es nicht mehr möchte, tut ihm damit einen großen Gefallen.

Eine besonders eindrucksvolle Rasse sind Angora-Meerschweinchen

In den Käfig gehört unbedingt ein Platz zum Verstecken, etwa ein Häuschen oder ein Brett, unter dem die Tiere sich verkriechen können. Die Angst vor Greifvögeln ist ihnen angeboren, und sie haben in unruhigen Situationen daher gerne ein Dach über dem Kopf. Meerschweinchen lieben enge Gänge und springen auch auf zweite und dritte Etagen im Käfig, wenn man ihnen die Möglichkeit dazu gibt. Beim täglichen Freilauf erkunden sie neugierig ihre Umgebung und geben dabei glucksende Geräusche von sich, mit denen sie Kontakt zu ihren Artgenossen halten.

Meerschweinchen werden oft als Tiere auch für Einsteiger empfohlen, weil ihre Haltung unkompliziert ist. Außerdem werden sie bei guter Behandlung schnell zutraulich, fressen aus der Hand und lassen sich auf den Arm nehmen.

Wie alle Nagetiere sind auch Meerschweinchen sehr reinlich und putzen sich ausgiebig

Hamster

Es gibt über 20 verschiedene Hamsterarten, von denen aber nur Goldhamster und einige Zwerghamster als Heimtiere gehalten werden. Goldhamster stammen aus Syrien, wo sie heiße Sommer und sehr kalte Winter erleben. Sie haben, daher kommt ihr Name, ein goldbraunes Fell mit weißem Bauch. In ihrer Heimat sind sie übrigens bedroht und gelten als gefährdete Tierart. Zwerghamster stammen aus Asien und leben dort in Wäldern, Steppen und Halbwüsten. Wie bei vielen Heimtieren gibt es auch beim Hamster verschiedene Rassen und Zuchtformen, etwa vollständig weiße oder schwarze Tiere, Satinhamster mit besonders weichem Fell oder Langhaarhamster.

Hamster sind Einzelgänger, die sich aggressiv gegenüber ihren Artgenossen verhalten und deshalb allein gehalten werden sollten. Sie sind beliebte Heimtiere, die nicht nur süß aussehen, sondern besonders neugierig und lebhaft sind. Allerdings wichtig: Sie sind nachtaktiv! Das bedeutet, dass sie sich tagsüber verkriechen und ihre Ruhe brauchen. Erst abends wachen sie auf, beginnen zu fressen und ihre Umgebung zu erkunden. Sie können dann viel Lärm machen, denn sie klettern gern, benutzen ihr Laufrad und toben ungestüm.

Mit vollen Backentaschen

Hamster „hamstern“ Futter, das hast Du bestimmt schon gehört. Das bedeutet: Da sie in freier Wildbahn harte Winter aushalten müssen, nutzen sie den Sommer, um Futtervorräte in ihrem Bau anzulegen. Zum Sammeln von Nahrung benutzen sie ihre Backentaschen, die sie mit Körnern und anderen Pflanzenteilen vollstopfen. So transportieren sie alles zu ihrem Bau und leeren die Taschen dort aus. Der Drang zu hamstern ist so groß, dass auch die als Heimtiere gehaltenen Hamster Futtervorräte anlegen, obwohl sie gar keine kargen Winter überleben müssen. Dieses Verhalten wirst Du daher auch bei Deinem Hamster beobachten können. Es ist aber wichtig regelmäßig zu kontrollieren, ob das gesammelte Futter nicht fault oder schimmelt.

Dsungarische Zwerghamster sehen niedlich aus, sind jedoch wie alle Hamster nachtaktiv

Dieser Goldhamster muss sich etwas einfallen lassen, um an sein Futter zu kommen

Hamster ernähren sich hauptsächlich von pflanzlicher Kost. In der Tierhandlung gibt es fertige Futtermischungen, zum Beispiel mit Haferflocken, Sonnenblumenkernen und verschiedenen Getreidearten. Dazu braucht ein Hamster Heu, das er nicht nur frisst, sondern auch zum Auspolstern seines Nestes verwendet. Frisches Futter ist ebenso wichtig. Du kannst zum Beispiel Löwenzahn, Kamille oder Wegerich im Garten sammeln oder Äpfel, Gurken und Möhren kaufen. Hamster sind allerdings keine Vegetarier, sondern fressen in der freien Natur auch Insekten und ihre Larven. Damit es dem Kleinen an nichts fehlt, solltest Du ihm daher ab und zu noch etwas Zusätzliches anbieten. Das können Mehlwürmer oder Heuschrecken aus der Tierhandlung sein, aber auch, wenn Du nicht gern lebende Tiere verfüttern möchtest, Magerquark oder Dosenfutter für Hunde.

„Ob ich es schaffe, mich durch mein Gehege zu hangeln?“

Da Hamster gerne und gut klettern, freuen sie sich über einen interessant eingerichteten Käfig mit mehreren Etagen und vielen Versteckmöglichkeiten. Wichtig ist auch ein Häuschen, in dem das Tier sein Nest einrichtet, Futtervorräte anlegt und tagsüber schläft. Hamster brauchen jeden Tag Freilauf. Dazu muss das Zimmer „hamstersicher“ gemacht werden, denn die Tiere kriechen schnell in die kleinsten Lücken und knabbern herumliegende Sachen und auch Stromkabel an.

Hamster können zwar zahm werden, ihrem Besitzer auf die Hand klettern und sich füttern lassen, aber sie lassen sich nicht gerne festhalten, Du kannst also nicht mit ihnen kuscheln. Wenn Du Dein Tier eher beobachten als mit ihm schmusen möchtest, dann könnte ein Hamster das Richtige für Dich sein!

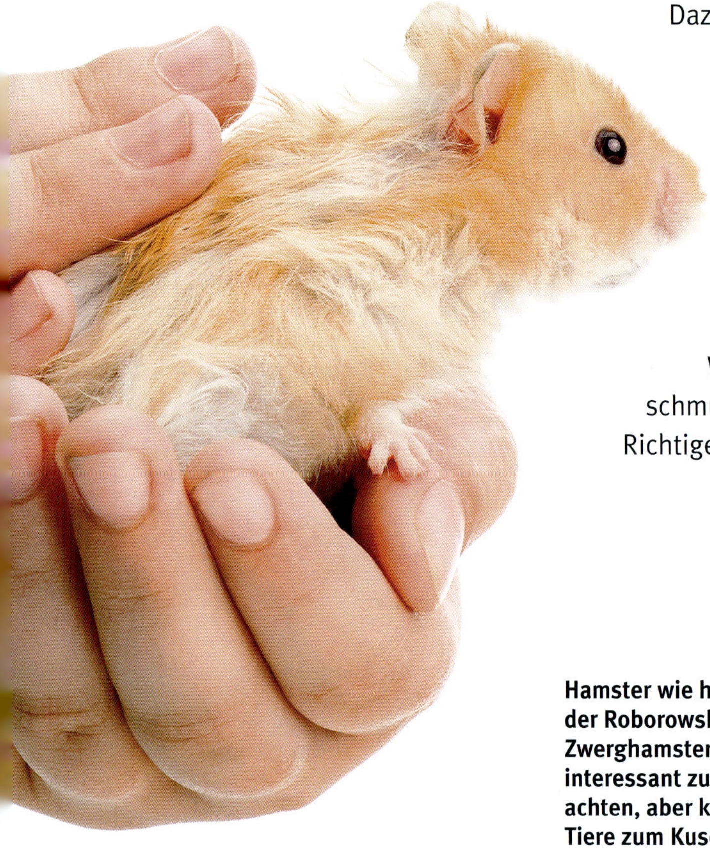

Längst nicht alle Hamster lassen sich so gerne streicheln wie dieser hier!

Hamster wie hier der Roborowski-Zwerghamster sind interessant zu beobachten, aber keine Tiere zum Kuscheln

„Fast geschafft!“

Laufräder: Hamsterspaß oder Tierquälerei?

Ein Laufrad gehört zur typischen Käfigeinrichtung eines Hamsters. Hier tobt er sich aus, und es ist niedlich zu beobachten, wie emsig er sich bewegt. Es gibt aber auch Menschen, die gegen Laufräder sind. Ist das Hamsterheim jedoch großzügig und interessant gestaltet und darf der Bewohner täglich frei laufen, ist das Rad eine gute Möglichkeit, zusätzliche Beschäftigung zu ermöglichen. Wichtig ist, dass es einen möglichst großen Durchmesser und eine geschlossene Lauffläche besitzt.

Abwechslung im Gehege ist ein Muss!

Ratten

Unsere zahmen Heimtier-Ratten nennt man auch Farbratten. Ihre wilden Verwandten allerdings sind bei den meisten Menschen wenig beliebt. „Igitt, eine Kanalratte!“, oder „Was für ein ekliger Schwanz!“ sind häufige Kommentare. Wer sich davon nicht abschrecken lässt und Ratten als Heimtiere hält, weiß ihre Intelligenz und Menschenbezogenheit zu schätzen und wird meist schnell zum richtigen Ratten-Fan. Kein anderes Nagetier zeigt so deutliche Zuneigung zu seinem Besitzer und kuschelt und spielt so gern mit Menschen.

Neugier und Intelligenz zeichnen Ratten aus

Stinken Ratten?

Darüber, ob Ratten stinken, gibt es immer wieder Diskussionen. Einige Rattenhalter behaupten, schlechter Geruch entstehe nur, wenn der Käfig nicht oft genug sauber gemacht werde. Richtig ist, dass natürlich ein gut gepflegter Käfig Gestank vorbeugt. Andererseits können Ratten, insbesondere Männchen, durchaus einen mehr oder weniger starken Eigengeruch haben, den manche Menschen als unangenehm empfinden. Wenn Du über Ratten als Heimtiere nachdenkst, wäre es deshalb sicher gut, wenn jedes Familienmitglied vielleicht bei Freunden oder Bekannten mit Ratten ausprobieren könnte, ob es mit dem Geruch gut leben kann.

Ratten können sehr zutraulich werden

Farbratten wurden aus den wilden Wanderratten als Versuchstiere für Labore gezüchtet. Tausende lebten und leben als Laborratten in Forschungseinrichtungen, wo mit ihnen medizinische Versuche durchgeführt werden. In der Zucht wurde darauf geachtet, besonders friedfertige und zutrauliche Tiere auszuwählen, und das macht die Ratte heute als Heimtier so beliebt. Sie ist menschenbezogen und verschmust, dabei bleibt sie immer neugierig und aktiv.

Ratten sind soziale Tiere. Das bedeutet, dass sie sich nur in Gesellschaft ihrer Artgenossen wohlfühlen. Daher muss man immer mindestens zwei Tiere gemeinsam halten. Außerdem sind sie nachtaktiv, getobt und gekuschelt wird erst abends. Manche Ratten passen sich an den Rhythmus ihres Besitzers an und sind tagsüber wach, aber verlassen kann man sich darauf nicht.

Du solltest nur gleichgeschlechtliche oder kastrierte Exemplare halten, sonst vermehren sich Ratten rasant!

Mit ihren langen Tasthaaren, den Vibrissen, kann sich die Ratte auch im Dunkeln prima zurechtfinden

Im Körnerfutter für Ratten ist oft trockenes Fleisch vorhanden, denn Ratten sind Allesfresser und brauchen tierische Eiweiße, um gesund und fit zu bleiben. Gerne nehmen sie auch ein Stück Käse an oder schlecken etwas Magerquark vom Finger. Zu oft darf das allerdings nicht sein, denn davon können die Tiere krank werden. Gesund und beliebt sind frisches Obst und Gemüse oder Kräuter, etwa Möhren und Gurken, Äpfel und Löwenzahn. Ratten fressen nie ihr ganzes Futter auf einmal auf, sondern kehren immer wieder zum Napf zurück und legen auch kleine Vorratslager an.

Für Ratten ist ein hoher Käfig wichtig, in dem sie klettern können. Sie lieben hoch gelegene Plätze, von denen aus sie eine gute Übersicht haben. Geschickt erklimmen sie Äste, Holztreppen und sogar durch den Käfig gespannte Taue. Ein Rattenkäfig darf gerne an einem belebten Platz stehen, wo die Tiere am Familienleben teilnehmen können. Zu laut und stressig darf es allerdings auch nicht sein, denn wie die meisten Nagetiere sind Ratten sehr geräuschempfindlich.

Von Wanderratten und Hausratten

Unsere Farbratten stammen von Wanderratten ab, die erst seit ungefähr 250 Jahren in Europa leben. Die Tiere stammen eigentlich aus dem Norden Asiens und kamen als blinde Passagiere an Bord von Schiffen in fast alle Regionen der Erde. Als gute Schwimmer und anpassungsfähige Allesfresser fiel es ihnen leicht, sich in neuen Gebieten anzusiedeln. Etwas kleiner ist die Hausratte aus Südasien, die schon länger in Europa zu finden ist. Auch sie ist auf Schiffen in neue Gebiete vorgedrungen. Hausratten sind kälteempfindlicher als Wanderratten und finden sich in nördlichen Regionen deshalb oft in der Nähe warmer Häuser und Stallungen.

Die Hausmaus ist die Stammform der Mäuse, die heute zu Hause gepflegt werden

Farbmäuse

Farbmäuse stammen von Hausmäusen ab und werden, ähnlich wie die Farbratten, häufig in der medizinischen Forschung als Versuchstiere eingesetzt. Schon viel früher als Ratten hat man Mäuse aber auch als Heimtiere gehalten. Wahrscheinlich waren die Chinesen und Japaner die Ersten, die ihre Liebe für die kleinen Nager entdeckten, und mit Seereisenden kamen die Heimtiere dann nach Europa.

Wilde Hausmäuse haben graubraunes Fell und sind damit gut getarnt. Die als Heimtiere gehaltenen Farbmäuse gibt es dagegen in verschiedenen Varianten, besonders berühmt sind die weißen Albino-Mäuse.

Wie Ratten können auch Mäuse sehr gut klettern und sind äußerst wendig und flexibel. Sie passen durch kleine Löcher und Gänge und erkunden neugierig und aktiv ihre Umgebung. Auch Mäuse sind soziale Tiere und dürfen nicht allein gehalten werden. Am einfachsten ist es, sich für eine Weibchengruppe zu entscheiden, denn bei unkastrierten Männchen kann es zu Kämpfen um die Rangordnung kommen. Auch für Mäuse gilt: Manche Tiere haben einen starken Eigengeruch, der unangenehm sein kann, wie gut der Käfig auch gereinigt wird.

Gefährliches Leben

Wie die meisten Nagetiere führen auch Mäuse ein gefährliches Leben. Sie sind Beutetiere für viele Räuber: Füchse, Katzen und Marder, aber auch Greifvögel und Eulen jagen sie. Die Überlebensstrategie der Mäuse ist deshalb, sich möglichst schnell und viel zu vermehren. Die Tragezeit von Mäusemüttern ist relativ kurz, Mäusekinder haben viele Geschwister und können nach wenigen Wochen schon selbst trächtig werden. So werden zwar viele Mäuse gejagt und fallen Raubtieren zum Opfer, aber genauso viele werden auch wieder geboren und stellen den Fortbestand der Art sicher.

Für Mäuse gilt das Gleiche wie für Ratten: Pflegst Du nicht ausschließlich gleichgeschlechtliche oder kastrierte Exemplare, vermehren sie sich explosionsartig!

Rennmäuse

Es gibt über hundert verschiedene Rennmausarten. Als Heimtier ist bei uns am häufigsten die Mongolische Rennmaus zu finden. In ihrer asiatischen Heimat ertragen die Tiere große Sommerhitze und eisig kalte Winter, denn sie stammen aus der Steppe, einer trockenen Graslandschaft. Dort leben die kleinen Nager in großen Familien in unterirdischen Bauen. Nachts, wenn die Hitze nachlässt, verlassen die Rennmäuse den Bau und sammeln Futter. Sie fressen hauptsächlich Samen und andere Pflanzenteile. Wenn sie aber Insekten oder Schnecken erwischen, nehmen sie diese zusätzliche Eiweißquelle gerne an. Für die kalten Winter werden im Bau Vorräte eingelagert, Winterschlaf halten Rennmäuse nicht.

Wüstenrennmäuse sind an ein Leben unter sehr kargen Bedingungen angepasst

Rennmäuse mögen Gesellschaft und kuscheln gerne

Versteckmöglichkeiten dürfen bei der Haltung nicht fehlen

Rennmäuse sind die richtigen Heimtiere für Dich, wenn Du Deine Tiere lieber beobachten als mit ihnen kuscheln möchtest. Zwar werden sie Dir nach ein bisschen Gewöhnung wahrscheinlich aus der Hand fressen und sich von Dir streicheln lassen, aber auf dem Arm festhalten lassen sich die Flitzer nur ungern, und für ausgiebige Schmusestunden sind sie einfach zu aktiv. Andererseits ist so ein Rennmauskäfig aber ein richtiger „Naturfernseher“, vor dem du so manche interessante Stunde verbringen kannst. Es gibt immer etwas zu sehen und zu entdecken: Die Tiere toben und buddeln in der Einstreu, putzen sich gegenseitig das Fell, baden im Sand, bauen Nester und knabbern und nagen alles an, was sie zwischen die Zähne bekommen!

Seit einiger Zeit werden verschiedenste Farbschläge gezüchtet

Maus ist nicht gleich Maus

Den Namen „Maus“ tragen viele verschiedene Tiere, die manchmal gar nicht näher miteinander verwandt sind. Es gibt Waldmäuse und Blindmäuse, Haselmäuse und Springmäuse, Wühlmäuse und Grasmäuse und viele mehr. Spitzmäuse wie auf diesem Foto sind sogar Insektenfresser, sie heißen also zwar „-mäuse“, sind aber nicht einmal Nagetiere, sondern näher mit Maulwurf und Igel verwandt!

Ein Sandbad ist für Chinchillas lebenswichtig!

Chinchillas

Lange bevor Chinchillas beliebte Heimtiere wurden, jagte man sie wegen ihres wunderschönen, weichen Fells. In ihrer Heimat sind sie deshalb selten geworden und teilweise sogar vom Aussterben bedroht. Ihre Heimat – das ist die Bergkette der Anden im Westen Südamerikas. Dort leben Chinchillas sogar noch in 5 000 Metern Höhe und kommen mit dem rauen Klima und der Trockenheit gut zurecht. Die Trockenheit ist sogar lebensnotwendig, denn mit nassem Fell sind die Tiere nicht mehr gegen die Kälte geschützt. Die Mittagshitze der Sommermonate kann den Nagern auch nichts anhaben, denn sie sind nachtaktiv und verschlafen die heißen Stunden in schattigen Felsspalten.

Mit viel Geduld lassen sich Chinchillas zähmen

Wie alle Nagetierjungen sind auch kleine Chinchillas besonders niedlich

Chinchillas werden zwar zutraulich und fressen aus der Hand, wenn Du sie mit viel Geduld und Ruhe an Dich gewöhnst, sie werden aber nie begeisterte Kuscheltiere. Sie mögen es nicht, wenn man sie festhält, und fühlen sich deshalb beim Streicheln auf dem Arm ihres Halters normalerweise nicht wohl. Wie Rennmäuse sind die silbergrauen Nager deshalb eher Beobachtungstiere, die Dir dann viel Freude bereiten werden, wenn Du ihnen beim Herumtoben, Fressen, Putzen und beim Miteinander mit den Artgenossen zuschauen möchtest.

Empfindliche Mägen

Die Heimat der Chinchillas ist karg, deshalb sind ihre Mägen nicht an viel frisches Grünfutter, zuckrige Nagerstangen und fetthaltige Getreidesorten gewöhnt. Das Grundnahrungsmittel ist daher Heu, dazu gibt es spezielle Chinchilla-Pellets in der Tierhandlung. Äste und Zweige ungiftiger Bäume laden zum Nagen ein und sind außerdem gesund. Ein paarmal in der Woche kann man dann etwas Frischfutter wie Apfelstücke oder Möhrengrün zufüttern.

Chinchillas sind soziale Tiere und kuscheln gerne miteinander

Streifenhörnchen

Es gibt 25 verschiedene Arten der Streifenhörnchen. Als Heimtier gehalten wird am häufigsten das Asiatische Streifenhörnchen oder Burunduk. Anders als beispielsweise Meerschweinchen und Farbratten sind Streifenhörnchen noch echte Wildtiere, die nicht mit dem Ziel gezüchtet worden sind, sie möglichst zahm und menschenbezogen werden zu lassen.

Hier siehst Du, wie sich ein Streifenhörnchen die Backentaschen mit Futter füllt

Streifenhörnchen sind absolute Klettergenies!

Dennoch können auch Streifenhörnchen zutraulich werden, ihrem Halter aus der Hand fressen oder neugierig an ihm hoch und runter klettern. Nur – Kuscheltiere, die sich gern auf den Arm nehmen lassen, sind sie nicht.

Streifenhörnchen sind flinke, sehr aktive Tiere. Du kennst ihre europäischen Verwandten, die Eichhörnchen, die geschickt, fleißig und unheimlich schnell klettern. So kannst Du Dir sicher vorstellen, dass Streifenhörnchen viel Platz, eine abwechslungsreiche Umgebung und täglich Auslauf benötigen, damit sie sich wohlfühlen. Als Einzelgänger möchten sie ihren Käfig nicht mit Artgenossen teilen.

Fliegende Nager?

Zu den Verwandten der Streifenhörnchen zählen auch die Gleithörnchen, von denen es besonders viele in Asien gibt. Manchmal werden sie auch Flughörnchen genannt, aber das ist eigentlich nicht richtig, denn sie können nicht aktiv fliegen. Mit ihrer Gleithaut, die sie bei weiten Sprüngen ausbreiten und die sie wie ein Gleitschirm von Ast zu Ast trägt, können sie zwar Strecken von über 50 Metern zurücklegen, aber immer nur nach unten. Von unten nach oben geht es nur kletternd vorwärts.

Viele Streifenhörnchen halten von Oktober bis März Winterschlaf. Wie unsere einheimischen Eichhörnchen wachen sie zwischendurch auf, um kurz zu fressen, dann wird weitergeschlafen. Während des Winterschlafs darf man die Nager auf keinen Fall wecken, auch wenn diese Monate für den Halter vielleicht langweilig sind und er sich einen lebhaften Hausgenossen wünscht.

Degus werden erst seit etwa 50 Jahren als Heimtiere gepflegt

Degus

Die aus dem südamerikanischen Chile stammenden Degus werden noch nicht lange als Heimtiere gehalten. In ihrer Heimat graben sie unterirdische Tunnelsysteme und leben in großen Kolonien zusammen. Ihr Revier markieren sie mit Haufen aus Zweigen, Steinen und sogar Kot. Die dämmerungsaktiven Tiere sind bei den Bauern nicht besonders beliebt, denn sie fressen sich oft auf Korn- und Gemüsefeldern satt.

Wie Chinchillas und Streifenhörnchen brauchen Degus eine große Voliere mit mehreren Etagen, da sie gerne und gut klettern. Außerdem lieben sie es, auf hohen Aussichtsbrettern zu sitzen und die Umgebung zu überblicken.

Weil sie aus einer kargen Heimat kommen, brauchen Degus viel Heu und ein Körnerfutter, das nicht fett- und zuckerhaltig ist. Gemüse, Salat und Kräuter sind beliebt, Obst dagegen ist für die Nager gefährlich, da ihre Mägen nicht daran gewöhnt sind.

Nie am Schwanz packen!

Nicht nur Degus, sondern alle Nagetiere darf man auf keinen Fall am Schwanz festhalten oder daran ziehen. Um sich vor Fressfeinden zu schützen, ist die Haut am Schwanz oft so dünn, dass sie ganz leicht abreißt. Dann verbleibt ein knorpeliger Rest, der vertrocknet und nach einigen Tagen abfällt. So kann der Nager einem Fressfeind, der ihn am Schwanz gepackt hat, entkommen. Ohne kompletten Schwanz ist aber einiges schwieriger: Er dient insbesondere zum Balancieren beim Klettern und Springen.

Auch Degus benötigen unbedingt Sand, um ihr Fell sauber zu halten

Degus werden bei liebevoller und geduldiger Behandlung zutraulich, aber nicht zu richtigen Schmusetieren. Sie lassen sich streicheln und beschnuppern und beklettern beim Freilauf auch gern mal ihren Besitzer, aber auf dem Arm festgehalten werden wollen sie nicht.

Hauptnahrung sind Heu und fettarme Samen

Es gibt Nager, die solltest Du lieber nur in freier Natur beobachten

Besser nicht im Haus!

In den vorigen Kapiteln hast Du die häufigsten Heimtiere unter den Nagern kennengelernt. Viele Menschen sind aber auch auf der Suche nach sehr ungewöhnlichen und exotischen Tieren. Das Problem ist dabei oft, dass noch nicht viel über ihre Lebensweise bekannt ist und die Versorgung im Haus deshalb weniger leichtfällt. Es gibt zum Beispiel viele verschiedene Rennmausarten, die nicht alle dieselben Bedürfnisse und Nahrungsvorlieben haben. Als Heimtierhalter muss man sich deshalb vorher genau informieren.

Präriehunde sollten, wenn überhaupt, nur in sehr großen Freilandgehegen gepflegt werden

Manche Wildtiere unter den Nagern kann man überhaupt nicht im Haus halten. Ein Beispiel dafür sind die zu den Erdhörnchen gehörenden Präriehunde aus Nordamerika. Sie graben riesige Höhlensysteme, sogenannte Präriehundstädte, unter dem Grasboden der Prärie. Heute halten einige Menschen sie als Heimtiere, aber Du kannst Dir sicher vorstellen, dass es nur mit sehr großen Freilandgehen möglich ist, ihnen ein Zuhause zu bieten, in dem sie sich ihr unterirdisches Gangsystem graben können.

Ein bellendes Geschenk

Anfang des 19. Jahrhunderts erforschten zwei Amerikaner den noch unbekannten Westen des großen Landes und sammelten dort Informationen über Geografie, indianische Ureinwohner, Pflanzen und Tiere. Sie fanden ein Nagetier, das riesige unterirdische Tunnelsysteme baut und bei Gefahr seine Artgenossen mit einem bellenden Laut warnt: den Präriehund. Die beiden Forscher wollten dem Präsidenten eines dieser Tiere zum Geschenk machen und versuchten, es aus seinem Bau auszugraben. Das Gangsystem war aber so tief, dass sie es schließlich unter Wasser setzen mussten, damit ein Präriehund herauskam, um nicht zu ertrinken.

Auch die südamerikanischen Wasserschweine kann man von Züchtern kaufen und als Heimtier halten. Hier fängt das Problem schon mit der Größe an, denn sie sind fast so groß wie ein kleiner Schäferhund. Da sie aber in der freien Wildbahn immer in Familiengruppen zusammenleben, brauchen sie auch als Heimtier unbedingt Artgenossen. Dazu leben sie, wie ihr Name verrät, am Wasser und sind ausgezeichnete Schwimmer. Kann man solchen Tieren in einer Wohnung tatsächlich ein glückliches Zuhause bieten?

Aus so kleinen, niedlichen Wasserschweinen ...

... werden bald Tiere von enormer Größe!

Was bedeutet artgerechte Haltung?

Wenn Menschen Tiere halten, ob als Heimtiere oder Nutztiere, nehmen sie ihnen dadurch immer die Möglichkeit, genauso zu leben, wie es ihre wilden Verwandten tun. Ein Hausmeerschweinchen hat normalerweise nicht so viel Platz zur Verfügung wie die Wildtiere in der Heimat, ein wilder Hamster ist ein anderes Klima gewohnt als unsere Heimtiere und ein Streifenhörnchen klettert unermüdlich von Baum zu Baum, was es in einer Wohnung natürlich nicht tun kann.

Artgerechte Haltung bedeutet nun, dass der Mensch dem Tier so gut es geht die Bedingungen bietet, die es in der freien Natur auch vorfinden würde, und ihm dadurch ein

Stereotype Verhaltensstörungen

Tiere, die in zu kleinen und wenig abwechslungsreichen Käfigen wohnen müssen, entwickeln oft sogenannte stereotype Verhaltensstörungen. Das bedeutet, dass sie bestimmte, scheinbar sinnlose Handlungen wieder und wieder durchführen. Vielleicht hast Du im Zoo schon einmal Tiere beobachtet, die immer wieder von einer Ecke in die andere laufen. Dies zeigt uns, wie wichtig es ist, den Tieren viel Platz und eine möglichst artgerechte Umgebung mit vielen verschiedenen Einrichtungsgegenständen zu bieten, damit sie nicht krank und traurig werden.

Das Gehege für Dein Heimtier sollte möglichst abwechslungsreich eingerichtet sein

Ein großes Gehege im Garten ist für Meerschweinchen ideal

möglichst natürliches Leben ermöglicht. Nur dann bleiben die Tiere lange gesund und aktiv, und nur dann hat der Besitzer wirklich Freude an seinen Heimtieren, denn sie werden nicht gelangweilt, uninteressiert und träge.

Die wichtigsten Punkte der artgerechten Haltung hast Du in diesem Buch schon kennengelernt. Soziale Tiere dürfen niemals allein gehalten werden, der Käfig oder das Gehege muss groß genug sein, die Tiere brauchen genug Abwechslung und Beschäftigungsmöglichkeiten und ausgewogenes Futter, das zu ihren natürlichen Ernährungsgewohnheiten passt.

Verschiedene Nager – gemeinsamer Käfig?

Nagetiere verschiedener Arten sind sich äußerlich oft recht ähnlich und haben auch ähnliche Fressgewohnheiten. Trotzdem sollten verschiedene Arten nicht in einem gemeinsamen Käfig gehalten werden oder zusammen Auslauf erhalten. Klar ist, dass nachtaktive und tagaktive Tiere nicht zueinander gehören, denn sie würden sich gegenseitig in ihren Ruhephasen stören. Aber auch Tiere, die scheinbar zusammen passen, verstehen sich oft nicht. Körper- und Lautsprache sind verschieden und können von den Angehörigen der jeweils anderen Art falsch verstanden werden. Kleinere und wenig wehrhafte Tiere wie zum Beispiel Meerschweinchen werden oft von größeren Nagern unterdrückt und stehen dadurch ständig unter Stress.

Mit viel Geduld kannst Du Deinem Liebling kleine Tricks beibringen

Spiele und Experimente für schlaue Kerlchen

Nagetiere sind nicht dumm. Jeder, der beispielsweise eine Ratte besitzt, wird dies bestätigen. Aber auch Meerschweinchen oder Hamster können kleine Kunststückchen erlernen und Dir so beweisen, dass sie ganz schön schlau sind. Der Schlüssel zum Erfolg ist, die Tiere immer zu belohnen, wenn sie etwas richtig gemacht haben. Das klappt am besten mit einem Stückchen von etwas, was sie besonders gerne fressen, was aber natürlich auch gesund für sie ist. Sie verstehen dann schnell, was Du von ihnen möchtest. Wenn Du mit Deinen Tieren spielst, ist es wichtig, dass sie dies freiwillig tun und die Möglichkeit haben, wegzugehen, wenn es ihnen zu viel wird, denn sonst werden sie schnell

Im Dienste der Wissenschaft

Ratten, Mäuse und Meerschweinchen vermehren sich schnell, lassen sich leicht halten und unkompliziert füttern. Das macht sie für Wissenschaftler und Industrieunternehmen zu idealen Versuchstieren. Nicht nur Medikamente werden an Tieren getestet, sondern auch Wasch- und Kosmetikprodukte wie Seife, Shampoos und Schminke. Auf der Ostseeinsel Riems gibt es sogar ein Meerschweinchendenkmal, das an die hilfreichen Versuchstiere erinnern soll. Darüber, ob Tierversuche verboten werden sollten, gibt es verschiedene Meinungen und viele Diskussionen.

gestresst. Bestrafen darfst Du sie nie, denn dann verbinden sie das Spiel mit Angst. Mit Angst und Stress, das kennst Du vielleicht von Dir selbst, kann man nicht gut lernen!

Hier findest Du Beispiele für Spiele mit bereits zahmen Nagetieren. Es gibt noch viele weitere Möglichkeiten, und Deiner Fantasie sind keine Grenzen gesetzt!

Das Futterglöckchen

Bevor Du fütterst, klingle immer mit einem leisen Glöckchen. Bald werden Deine Tiere diese beiden Dinge miteinander verbinden und wenn Du klingelst schon aufmerksam und erwartungsvoll zur Käfigtür kommen oder nach Futter rufen.

Intelligenzspiele

Das Meerschweinchen muss den Deckel aufklappen, um an das Futter in der Kuhle zu gelangen. Auch für Dich als Halter ist das allemal interessanter, als das Leckerchen einfach in den Käfig zu legen. Solche Intelligenzspiele kann man kaufen oder selber bauen.

Dieses Meerschweinchen hat den Trick schon raus ...

Das verrückte Labyrinth

Baue ein Labyrinth aus Holz oder Pappe und lege in die Mitte ein Leckerchen. Dann schickst Du Die Tiere hinein und lässt sie den Weg suchen. Wenn sie zum Futter gefunden haben, lässt Du sie kurz zur Belohnung fressen und setzt sie dann wieder an den Labyrintheingang. Wie viele Versuche brauchen deine Nager, um den richtigen Weg auf Anhieb zu finden? Du kannst auch die Zeit stoppen und so einen Wettbewerb veranstalten. Immer gilt: Wenn Du bemerkst, dass Deine Tiere keine Lust mehr haben, beende das Training.

Manchmal nimmt eine Maus auch eine Abkürzung ...

Hindernisparcours

Locke Deine Tiere mit einem Leckerchen über ein Hindernis, zum Beispiel ein Buch, und belohne sie, wenn sie darübergestiegen oder gesprungen sind. Haben sie das Spiel verstanden, kannst Du versuchen, das Hindernis zu erhöhen. Achte darauf, dass das Hindernis stabil ist und die Tiere sich nicht verletzen können!

Dieses Meerschweinchen hat gelernt, ein Hindernis zu überwinden

Die wilden Verwandten

Viele wild lebende Nagetiere begegnen Dir selbst in der Stadt. Sicher hast Du schon Eichhörnchen durch die Vorgärten turnen sehen, oder vielleicht hattet Ihr ja schon einmal eine kleine Hausmaus im Keller? Wenn Ihr über einen Garten verfügt, haben sich dort eventuell auch schon Wühlmäuse über die Pflanzenwurzeln hergemacht, oder eine Waldmaus ist Dir über den Weg gehuscht.

Nager mit Fischschwanz

Der schuppige Schwanz des Bibers dient ihm als Steuerruder beim Tauchen und Schwimmen. Er hat dazu beigetragen, dass man vor langer Zeit den Biber nicht als Säugetier, sondern als Fisch betrachtet hat. Das hört sich erst einmal seltsam an, denn schließlich haben Biber Lungen und Fell und säugen ihre Jungen. Früher aber durfte man in der Fastenzeit kein Fleisch essen, sondern nur Fisch. Da kam der fischähnliche Schwanz des Bibers gerade recht. Er diente sozusagen als Ausrede, um die Tiere auch während der Fastenzeit verspeisen zu dürfen.

Andere Nagetiere sind nicht so leicht zu finden, weil sie seltener oder menschenscheuer sind. Hattest Du schon einmal das Glück, einen Biber beobachten zu können? Das Leben des Bibers ist ganz ans Wasser gebunden. Damit seine Burg aus Ästen vor Feinden geschützt ist, staut er das Wasser so, dass es den Eingang immer bedeckt. Dafür fällt er Unmengen an Bäumen, baut Dämme und verändert seine gesamte Umwelt mit fleißiger, geplanter Handwerksarbeit. Dies hat ihn allerdings bei Menschen, die Landwirtschaft betreiben wollen, wenig beliebt gemacht. Deshalb sind diese großen Nager früher gejagt und verfolgt worden, sodass sie in Deutschland extrem selten wurden. Heute wächst ihre Anzahl dank verschiedener Naturschutzprojekte wieder. Man kann sogar Bibertouren unternehmen, bei denen man in den Dämmerstunden zu Beobachtungsposten an Biberteichen wandert und mit etwas Glück die Baumeister bei der Arbeit beobachten kann.

Die Waldmaus ist eine der häufigsten Säugetierarten Europas

Der Nacktmull gewinnt vielleicht keinen Schönheitswettbewerb, ist aber hochinteressant

Gelbhalsmäuse leben am liebsten in Laubwäldern und klettern hier manchmal bis in die Baumkronen!

Viele unserer Heimtiere stammen aus Südamerika, wo ihre wilden Vorfahren noch heute leben. Es gibt dort viele Meerschweinchenverwandte, die unseren Lieblingen zu Hause allerdings teilweise nur wenig ähnlich sind. Die Maras oder Pampashasen beispielsweise sehen aus wie eine Mischung zwischen Feldhase und Mini-Antilope und bewegen sich meist hoppelnd und hüpfend fort. Außerdem tummeln sich in den felsigen Gebieten Felsen-, Berg- und Gelbzahnmeerschweinchen, alle mit graubraunem Fell, das sie gut vor Feinden tarnt.

Ein sehr wehrhafter Nager ist das Stachelschwein

Die größten Nager der Welt

Die größten Nagetiere der Welt sind die Wasserschweine oder Capybaras aus Südamerika. Ihr Name stammt von den Tupi-Indianern und bedeutet „Herr der Gräser“ oder „Grasfresser“, denn das ist ihre Hauptnahrung. Wasserschweine sind etwas kleiner als Schäferhunde und haben einen gedrungenen, plumpen Körper. Sie können gut schwimmen und sind mit ihren Schwimmhäuten zwischen den Zehen perfekt an ein Leben am und im Wasser angepasst. Die Tiere werden von vielen Indios gejagt und gegessen, haben aber auch eine große Bedeutung in der Religion und den Legenden der südamerikanischen Ureinwohner. So glauben die Yanomami aus dem Amazonasregenwald, dass jeder Mensch einen tierischen Doppelgänger hat, entweder ein Wasserschwein oder einen Tapir.

Manchmal sind die Wildtiere aber in Gefahr, weil es nur noch wenige von ihnen gibt und sie lange gejagt wurden, so zum Beispiel das Chinchilla. Auch die Ausbreitung von Städten und der Landwirtschaft macht den Tieren zu schaffen, denn sie verlieren dadurch ihren Lebensraum. So hat beispielsweise unser Feldhamster Schwierigkeiten, auf den mit Pflanzenschutzmitteln und großen Maschinen bewirtschafteten Feldern zu überleben.

Die Zwergmaus ist so leicht, dass sie selbst an Getreidehalmen emporklettern kann

Großes Nagetier-Quiz

Du hast in diesem Buch eine Menge über Nagetiere und besonders über die Heimtiere unter ihnen erfahren. Wenn Deine Familie oder Deine Freunde überlegen, sich ein Heimtier zu kaufen, kannst Du ihnen jetzt bestimmt mit gutem Rat helfen. Hast Du Lust, im folgenden Quiz Dein Wissen zu testen? Kreuze bei jeder Frage die Antwort mit Bleistift an, die Du für richtig hältst. Auf Seite 56 findest du die Auflösung. Viel Spaß!

1. Was ist das Besondere am Gebiss der Nagetiere?

a) Nagetiere haben hervorstehende, spitze Eckzähne. ❍
b) Sie haben lange, scharfe Schneidezähne, zwei oben und zwei unten, und dahinter eine große Zahnlücke. ❍
c) Sie haben gar keine Zähne. ❍
d) Sie haben ein doppeltes Gebiss mit zwei Zahnreihen hintereinander. ❍

2. Wie verhindert der Biber, dass beim Fällen der Bäume Holzsplitter in sein Maul gelangen?

a) Er verschließt sein Maul hinter den Nagezähnen. ❍
b) Er spült sein Maul mit Speichel und spuckt immer wieder Holzreste aus. ❍
c) Er schützt sein Maul mit den Vorderpfoten. ❍

3. Wo gibt es keine Nagetiere?

a) In der arktischen Tundra. ❍
b) In der Wüste. ❍
c) In der Antarktis. ❍
d) In Europa. ❍

4. Wie haben sich die Ratten über die ganze Welt verbreitet?

a) Sie sind von Kontinent zu Kontinent gewandert. ❍
b) Sie sind als „blinde Passagiere“ auf den Schiffen der Menschen mitgefahren. ❍
c) Haustiere sind aus der Gefangenschaft ausgebrochen und leben jetzt in der freien Natur. ❍

5. Wie nennt man die Tasthaare im Schnauzenbereich, die nicht nur Nager besitzen?

a) Vibrissen ❍
b) Hornissen ❍
c) Kulissen ❍

6. Was ist der Vorteil seitlich am Kopf liegender Augen, wie die Nagetiere sie haben?

a) Die Tiere haben einen besseren Rundumblick und können auch Dinge seitlich von sich und hinter sich sehen. ❍
b) Die Tiere sehen niedlicher aus. ❍
c) Die Augen sind besser vor starken Sonnenstrahlen geschützt. ❍

7. Warum gelten Nagetiere in manchen Gebieten als Schädlinge?

a) Weil sie mit ihren scharfen Zähnen Häuser zerstören können. ❍
b) Weil sie bei Futterknappheit sogar Menschen angreifen. ❍
c) Weil sie Felder plündern und die Essensvorräte von Menschen fressen. ❍

8. Welches dieser Tiere ist nachtaktiv?

a) Meerschweinchen ❍
b) Chinchilla ❍
c) Streifenhörnchen ❍

9. Womit darf man Meerschweinchen nicht füttern?

a) Löwenzahn und Schafgarbe ❍
b) Heu und Körnerfutter ❍
c) Äpfel und Möhren ❍
d) Magerquark und Jogurt ❍

10. Welche Hamsterart ist in ihrer Heimat vom Aussterben bedroht?

a) Der Goldhamster ❍
b) Der Satinhamster ❍
c) Der Zwerghamster ❍
d) Der Langhaarhamster ❍

11. Wozu braucht der Hamster seine Backentaschen?

a) Er transportiert darin seine Jungen. ❍
b) Er sammelt darin Futter und bringt es in seine Vorratskammer. ❍
c) Er lockt damit Hamsterweibchen an. ❍

12. Aus welchen Wildtieren wurden die Farbratten gezüchtet, die wir heute als Heimtiere halten?

a) Aus den Hausratten ❍
b) Aus den Strauchratten ❍
c) Aus den Wanderratten ❍

13. Wieso gibt es immer noch so viele Mäuse auf der Welt, obwohl sie von zahlreichen Räubern gejagt werden?

a) Mäuse sind meist flinker als ihre Räuber und können ihnen davonlaufen. ❍
b) Es entkommen immer wieder Mäuse aus der Gefangenschaft, und dadurch wächst ihre Anzahl ständig. ❍
c) Mäuse vermehren sich sehr schnell und halten so ihre Anzahl stabil. ❍

14. Wo legen Rennmäuse in der freien Natur ihre Baue an?

a) Auf Bäumen in stabilen Astgabeln ❍
b) Unter der Erde ❍
c) In Felsspalten ❍

15. Wo liegt die Heimat der Chinchillas?

a) In den Anden in Südamerika ❍
b) In der Sahara in Afrika ❍
c) Im Himalaya in Asien ❍
d) In den Alpen in Europa ❍

16. Wie sollte man Streifenhörnchen halten?

a) Zu zweit, denn sie brauchen einen Artgenossen ❍
b) Allein, denn sie sind Einzelgänger ❍
c) In einer großen Gruppe, denn sie leben wild in riesigen Kolonien ❍

17. Welche Nahrung ist für Degus nicht geeignet?

a) Obst ❍
b) Heu ❍
c) Frische Kräuter ❍
d) Gemüse ❍

18. Was bedeutet artgerechte Haltung?

a) Dass man Tiere so behandelt, wie man auch einen Menschen behandeln würde ❍
b) Dass man die natürlichen Bedürfnisse der Tiere beachtet ❍
c) Dass man Tiere so hält, dass es möglichst bequem für den Besitzer ist ❍

19. Welches Nagetier findet man nicht in Städten?

a) Die Hausmaus ❍
b) Das Eichhörnchen ❍
c) Den Biber ❍

20. Welches ist das größte Nagetier der Welt?

a) Der Große Pampashase ❍
b) Das Wasserschwein oder Capybara ❍
c) Der Südamerikanische Baumstachler ❍
d) Die Laotische Felsenratte ❍

Lösungen zum Nagetierquiz

1) b: Nagetiere haben lange, scharfe Schneidezähne, zwei oben und zwei unten, und dahinter eine große Zahnlücke.
2) a: Er verschließt sein Maul hinter den Nagezähnen.
3) c: In der Antarktis gibt es keine Nagetiere.
4) b: Ratten sind als „blinde Passagiere“ auf den Schiffen der Menschen mitgefahren.
5) a: Die Tasthaare im Schnauzenbereich nennt man Vibrissen.
6) a: Die Tiere haben einen besseren Rundumblick und können auch Dinge seitlich von sich und hinter sich sehen.
7) c: In manchen Gebieten gelten Nagetiere als Schädlinge, weil sie Felder plündern und die Essensvorräte von Menschen fressen.
8) b: Chinchillas sind nachtaktiv.
9) d: Meerschweinchen darf man nicht mit Magerquark und Jogurt füttern.
10) a: Der Goldhamster ist in seiner Heimat Syrien vom Aussterben bedroht.
11) b: In seinen Backentaschen sammelt der Hamster Futter und bringt es in seine Vorratskammer.
12) c: Die Farbratten wurden aus den Wanderratten gezüchtet.
13) c: Mäuse vermehren sich sehr schnell und halten so ihre Anzahl stabil.
14) b: Rennmäuse graben ihre Baue unter der Erde.
15) a: Die Heimat der Chinchillas liegt in den Anden in Südamerika.
16) b: Streifenhörnchen sollte man allein halten, denn sie sind Einzelgänger.
17) a: Obst ist für Degus nicht geeignet.
18) b: Artgerechte Haltung bedeutet, dass man die natürlichen Bedürfnisse der Tiere beachtet.
19) c: Den Biber findet man nicht in Städten.
20) b: Das Wasserschwein oder Capybara ist das größte Nagetier der Welt.

Entdecke die Reihe mit der Eule!

Entdecke die Tiger

Entdecke die Amphibien

Entdecke die Reptilien

Entdecke die Igel

Entdecke die Käfer

Entdecke die Möwen

Entdecke die Kraniche

Entdecke die Störche

Entdecke die Spechte

Entdecke die Robben

Entdecke die Singvögel

Entdecke die Pferde

Entdecke die Menschenaffen

Entdecke die Erdmännchen

Entdecke die Esel

Entdecke die Nagetiere

Die Reihe mit der Eule:

Die bunten Bände der Kinder-Sachbuchreihe für wissensdurstige Entdecker nehmen die Fragen der Kids ernst und beantworten sie auf kindgerechte, unterhaltsame Weise, ohne die Intelligenz der Kinder zu unterschätzen!

Begleitet werden die Kinder auf ihren spannenden Reisen von unserer schlauen Eule, die nie um Rat verlegen ist!

Natur und Tier - Verlag GmbH
An der Kleimannbrücke 39/41 · 48157 Münster
Telefon: 0251 - 13339-0 · Fax: 0251 - 13339-33
E-Mail: verlag@ms-verlag.de · www.ms-verlag.de